Bibliografische Information der Deutschen Nationalbibliothek:

Die Deutsche Bibliothek verzeichnet diese Publikation in der Deutschen National-
bibliografie; detaillierte bibliografische Daten sind im Internet über http://dnb.d-
nb.de/ abrufbar.

Impressum:

Copyright © 2012 GRIN Verlag, Open Publishing GmbH
Druck und Bindung: Books on Demand GmbH, Norderstedt Germany
ISBN: 9783668319424

Dieses Buch bei GRIN:

http://www.grin.com/de/e-book/341856/das-wirkungsspektrum-der-musik-auswir-
kungen-auf-den-menschen

Sebastian Pape

Das Wirkungsspektrum der Musik. Auswirkungen auf den Menschen

Elektrifizierung der Musik

GRIN Verlag

Facharbeit im Seminarfach „Elektrifizierung der Musik"

Das Wirkungsspektrum der Musik-Auswirkungen auf den Menschen

Inhaltsverzeichnis

1 Einleitung

Diese Facharbeit wird für das Seminarfach „Elektrifizierung der Musik" verfasst. Dieses beschäftigt sich mit der Entwicklung der Musik und den aus der Elektrifizierung resultierenden Veränderungen und Möglichkeiten. In meinem Thema „Das Wirkungsspektrum der Musik- Auswirkungen auf den Menschen" werde ich auf die individuelle Wirkung der Musik eingehen und sowohl die positiven, als auch die negativen Aspekte behandeln.

Welche Vor- und Nachteile hat sie für den Menschen? Birgt sie auch Gefahren? Wenn ja, welche? Um diese Fragen aufklären zu können, habe ich eine Umfrage an meiner Schule, ein Experiment in einem Kindergarten und zudem ein Interview mit einem Mitarbeiter des Hörzentrums in der Stadt X durchgeführt. Ich habe dieses Thema für meine Facharbeit gewählt, weil ich zeigen will, dass, und in welchem Ausmaß sich die Musik auf den Menschen auswirkt und wie vielseitig sie seien kann. Das Individuum selbst erkennt meist nicht, wie verschiedene akustische Eindrücke es beeinflussen können. Es nimmt sie zwar wahr, aber das gesamte Wirkungsspektrum ist nicht sofort erkennbar. Diesen Sachverhalt werde ich im Verlaufe meiner Facharbeit belegen und veranschaulichen.

1.1 Was ist Musik?

Zunächst möchte ich versuchen, den Begriff „Musik" als solchen in seiner Komplexität zu definieren. Die Definition dieses umfangreichen Begriffes kann dabei sowohl auf der objektiven, als auch auf der subjektiven Ebene erfolgen.

Objektiv, also rein technisch, kann man die „Musik" als eine bewusste Aneinanderreihung von Tönen beschreiben. Um den Tönen der Musik eine Ordnung zu verleihen, gibt es drei Systeme: den Rhythmus, die Melodie und die Harmonie.
Der „Rhythmus" bestimmt den zeitlichen Ablauf, den Takt und das Tempo der einzelnen Töne. Die Abfolge verschieden hoher Töne bezeichnet man als „Melodie" und bei der „Harmonie" handelt es sich um das Erklingen verschiedener Töne zur selben Zeit.

Diese sehr objektive Definition veranschaulicht zwar deutlich, wie die Musik in sich aufgebaut ist und aus welchen Teilen sie sich zusammensetzt, doch wird dadurch die fassettenreiche Wirkung der Musik nicht klar genug zum Ausdruck gebracht. Da die Musik von Subjektivität geprägt ist, sollte man diese Sichtweise keinesfalls außer Acht lassen. Ist sie für den einen die vermittelnde Sprache aller Länder, so ist sie für jemand anderen bloß ein simpler Zeitvertreib. Ob und was der Hörer empfindet, kann von Mensch zu Mensch sehr variabel sein. Um die verschiedenen Bedeutungen der Musik für das Individuum zu erfassen, habe ich den Schülern und Lehrern des Gymnasiums X über IServ[1] folgende Frage gestellt:

„Was bedeutet/ist Musik für dich?"

Zur Veranschaulichung der erhaltenden Resonanz, habe ich ein Diagramm angefertigt. Auf der y-Achse sind die Antwortmöglichkeiten (jeder Befragte durfte drei persönlich zutreffende Antworten wählen) aufgetragen. Auf der x-Achse findet sich die jeweilige Anzahl der gewählten Antworten wieder.

Insgesamt haben 81 Schüler und Lehrer an der Umfrage teilgenommen.

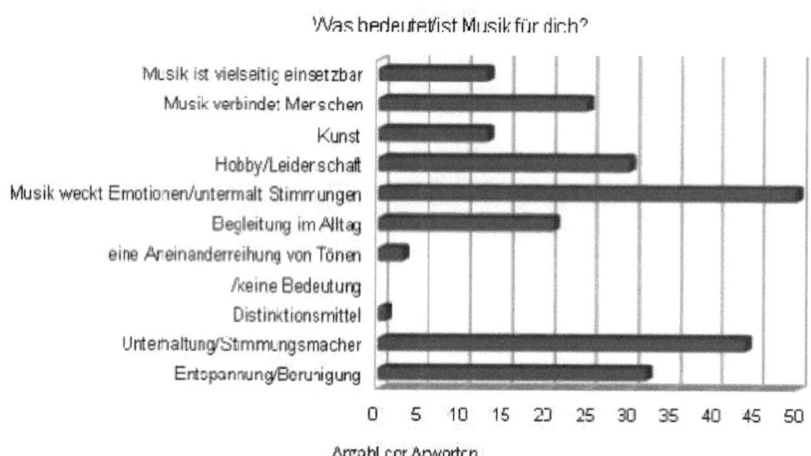

Manche der Umfrageteilnehmer haben mehr oder weniger als die geforderten drei Antworten ausgewählt. Aufgrund dessen stimmt die Gesamtanzahl der Antworten nicht mit der dreifachen Gesamtteilnehmerzahl überein.

---

[1] Schulserver des Gymnasiums X

Die aus der Umfrage erhaltenen Informationen belegen eindeutig meine vorher aufgestellte These, die Bedeutung und die Wirkung der Musik sei für jeden Menschen individuell, auch wenn sich teilweise ähnliche Tendenzen erkennen lassen.

Niemand wählte die Antwortmöglichkeit „/ keine Bedeutung" aus, woran man eindeutig eine persönliche und wahrscheinlich auf Emotionen basierende Affinität der Befragten zur Musik erkennen kann. Jeder Teilnehmer verbindet etwas mit Musik, was daraus hervorgeht, dass insgesamt 50 Schüler und Lehrer, die Mehrheit der Befragten, die Antwortmöglichkeit „weckt Emotionen/untermalt Stimmungen" ausgewählt haben. Somit ist bewiesen, eine rein objektive Definition von Musik deckt das gesamte Spektrum der Wirkungen und Bedeutungen für das Individuum nicht ab. Außerdem ersichtlich ist, viele Menschen binden Musik regelmäßig in ihren Lebensalltag ein, beispielsweise durch ein auf Musik basierendes Hobby oder das Erlernen eines Instruments.

2   Positive Auswirkungen der Musik auf den Menschen

Da ich nun die verschiedenen Ebenen der Musik dargelegt habe, werde ich mich nun mit den positiven Auswirkungen der Musik auf den Menschen befassen. Musik kann, unter der Voraussetzung, dass der Mensch sich psychisch auf sie einlässt, sehr viele verschiedene Auswirkungen auf ihn haben. Zum Beispiel beeinflusst sie die Herzfrequenz, den Pulsschlag und die Gehirnaktivität. Ausschlaggebend für die Veränderung der Herzfrequenz oder des Pulsschlags ist das Genre der Musik. So sorgt beispielsweise Rock für einen schnelleren Pulsschlag und Klassik für einen langsameren. Wie in der Umfrage deutlich wurde, besteht mit Musik stets eine emotionale Bindung. Sie kann Gefühle hervorrufen oder vertiefen und lässt Personen sich an prägende Lebenssituationen und -ereignisse erinnern. Aber welche Faktoren spielen eine tragende Rolle für die Wirkung der Musik auf das Individuum?

Wie bereits im obigen Teil erwähnt, spielt das Genre der Musik eine spezielle Rolle, woraus sich ergibt, dass auch dem Tempo eine gewisse Wichtigkeit zufällt. Das Tempo der Musik kann sich beruhigend oder auch aufputschend auf den Menschen auswirken. Die normalen menschlichen Reaktionen laufen bei 72 Herzschlägen pro Minute ab, aber hört man nun Musik, deren Tempo über 72 bpm(beats per minute) liegt, wirkt die Musik stark belebend. Ein Tempo unter 72 bpm hingegen wirkt beruhigend. Die effektivste Entspannungswirkung auf den Menschen erzielt man bei einem Tempo von 60 bpm, wobei es sich um die ursprüngliche Herzfrequenz des Menschen vor dem Einsetzten des Zivilisationsstresses (Verkehr, Stadtleben, …) handelte, die immer noch im Menschen verankert ist. [2]

Neben dem Tempo spielt das Tongeschlecht eine entscheidende Funktion für die Wirkung der Musik. Bewirkt ein Stück mit dem Dur-Geschlecht eher ein fröhliches Gefühl, so erzielt eines in Moll eine eher traurige Stimmung. Dennoch sind die emotionalen Wirkungen der Musik von Mensch zu Mensch auch hier wieder sehr variabel in ihren Ergebnissen. Diese sind abhängig von der Grundstimmung, der Situation und der Verfassung, in der der Mensch sich zum Zeitpunkt des Hörens befindet. So kann ein Stück von einem Mensch als erquickend und von einem anderen als deprimierend empfunden werden. Somit spielen die persönlichen Faktoren, die auf ein Individuum wirken, eine größere Rolle, als die Stimmung, die mit der Musik zu vermitteln versucht wird.

2.1 Praktischer Teil

Um erkennbar zu machen, wie sich die Musik auf den Menschen auswirkt, habe ich ein Experiment im Kindergarten X durchgeführt. Meine Intention bestand darin, zu zeigen, dass die Musik einen Einfluss auf den Menschen haben kann, dass sie Emotionen wecken und Menschen in bestimmte Stimmungen versetzen kann. Zuerst habe ich mir also überlegt, wie ich Musik als beeinflussendes Element am Besten darstellen kann. Letztendlich kam ich zu der Erkenntnis, dass die Malerei, eine andere Kunstform, die Funktion der Musik am Besten zum Vorschein bringt. Es werden Gefühle, die durch die Klänge hervorgerufen werden, durch die Malerei ausgedrückt. Ich habe bewusst Kindergartenkinder (im Alter von fünf Jahren) für meinen Versuch gewählt, da sie noch nicht so sehr durch die Gesellschaft oder die Medien geprägt und beeinflusst worden sind. Sie können ihre wahren Gefühle offen nach außen tragen und die individuelle Wirkung der Musik auf sie persönlich noch fast vollkommen unverfälscht aufzeichnen. Nach Anfrage wurden mir sechs Kinder zugeteilt, drei Mädchen und drei Jungen, denen ich drei verschiedene Lieder vorspielen wollte. Um die verschiedenen Emotionen besser zeigen zu können, wählte ich Lieder verschiedenster Genres.[3] Die Kinder sollten jeweils ein Bild für jedes von mir vorgespielte Lied malen, auf dem sie versuchen

---

[2] Vgl. [2] http://www.feelit.ag.vu/Seite_4_musik_-koerper.html
[3] Pop: Cascada- *Summer of Love* Klassik, symbolisch für Trauer: Yiruma- *River flows in you* Kindermusik, symbolisch für Fröhlichkeit: Sophie & Magaly- *Papa Pinguin*

sollten, ihre Gefühle bei der jeweiligen Musik festzuhalten, indem sie ihre Malerei mit dem Lied in Verbindung setzten. Im Anschluss sollten sie mir mündlich erläutern, was genau sie dabei fühlten und warum sie bestimmte Sachen malten. Das klassische Klavierstück *River flows in you* wurde als „traurig" und „ruhig" kommentiert. Dementsprechend malten sie Herzen und Sterne, die das Verträumte symbolisierten und Klaviere und Geigen als Darstellung der verwendeten Instrumente. Obwohl die Kinder noch kein Englisch können, malten sie zu *Summer of Love* Herzen und Sonnen, die den Songtext widerspiegeln. Sie empfanden die Musik als „fröhlich" und dachten dabei an den Sommer und Sonne. Bei *Papa Pinguin* wurden Pinguine, Sterne und Wasser gezeichnet.[4] Sie lachten und wippten im Takt, was eindeutig als Ausdruck für Spaß und Fröhlichkeit zu werten ist.

Allgemein kann man dem Experiment entnehmen, dass die Kinder trotz, oder gerade wegen ihres Alters, die Verbindung zu der Musik herstellen und ihre Gefühle ausdrücken konnten. Sie konnten die Stimmung wiedergeben und diese in Malereien umsetzen. Eines der Kinder malte zu jedem der Lieder Alltagssituationen, zum Beispiel einen Bäcker, seinen Freund oder sein Haus. Er verarbeitete durch die Musik seinen Alltag und assoziierte mit der Musik Situationen und Gegenstände aus seinem alltäglichen Leben. Auch bei diesem Experiment spielen verschiedene Faktoren eine entscheidende Rolle. Auffällig ist gewesen, dass die Persönlichkeit der Kinder ausschlaggebend für die Malerei und die Verbindung zu der Musik war. Eines der Kinder war sehr extrovertiert und motiviert, weshalb es sofort eine Verbindung zu der Musik herstellen konnte. Ein Anderes hingegen, war eher introvertiert und schüchtern. Bei diesem handelte es sich um das Kind, welches die Alltagssituationen in seiner Kunst verarbeitet hat. Darüber hinaus beeinflusste auch das Geschlecht der Kinder die Ergebnisse. Die Mädchen wählten beispielsweise andere Farben und malten andere Gegenstände als die Jungen.

Die Umfrage an der Schule und das Experiment im Kindergarten deckten Teilnehmer verschiedenster Altersstufen ab. Doch trotz des Altersunterschieds wurde deutlich, Musik setzt eine Offenheit voraus, damit Menschen eine Verbindung zu ihr herstellen können. Lässt man sich auf die Musik ein, so offenbart sich eine Bandbreite verschiedenster Wirkungen. Aber nicht nur allein die Musik hat positive Auswirkungen auf den Menschen, sondern auch durch die Elektrifizierung erreicht die Wirkung und das Nutzen der Musik eine neue

---

[4]Bilder im Anhang (Abb.1.0; Abb.1.1; Abb.1.2; Abb.1.3)

Dimension. Durch die Elektrifizierung konnten zum Beispiel Hörgeräte hergestellt werden, die Menschen mit Schwerhörigkeit helfen. Denn leider kann Musik auch negative Wirkungen auf den menschlichen Körper haben, manchmal sogar die Ursache für die Notwendigkeit eines Hörgeräts sein.

„Musik wird oft nicht schön gefunden, weil sie stets mit Geräusch verbunden.“[5]

Dieses Zitat verdeutlicht, auch Musik hat nicht nur positive Aspekte, sondern kann auch durch die mit ihr verbundenen Geräusche Gefahren mit sich bringen. Die Elektrifizierung förderte diese negativen Seiten der Musik durch die Erfindung der Klang verstärkenden Boxen, dank derer Musik viel lauter abgespielt werden kann. Gerade diese akustische Belastung führt häufig zu Schwerhörigkeit und anderen auditiven Verletzungen (Trommelfellriss u.Ä.) Das wirft die Frage auf, wie das Gehör eigentlich funktioniert und wie es die Musik und die damit verbundenen Geräusche wahrnimmt, beziehungsweise wie es von ihr beeinflusst wird.

3 Das Gehör

Der Mensch besitzt fünf Sinnesorgane, die ihn die Umwelt wahrnehmen lassen. Das Auge nimmt visuelle Reize wahr, die Haut äußere Reize der Umwelt , der Mund und die Nase gehören zu den sogenannten „Geschmacksfeldern“, die Geschmäcker und Gerüche wahrnehmen. Das Ohr ist das fünfte Sinnesorgan, welches den Menschen Geräusche hören und lokalisieren lässt. Alle Töne und Klangfolgen, wie zum Beispiel Musik oder Sprache, senden unsichtbare Schallwellen aus, die mit dem Ohr aufgenommen werden. Der Mensch kann Geräusche mit einem dB-Wert[6] von 10 bis 140 dB wahrnehmen. Außerdem hilft das Ohr im Zusammenspiel mit dem Auge und dem Körper dem Menschen, das Gleichgewicht zu erhalten.

---

[5]Zitat von Wilhelm Busch
[6]Dezibel: Einheit mit der Lautstärke angegeben wird

3.1 *Aufbau*

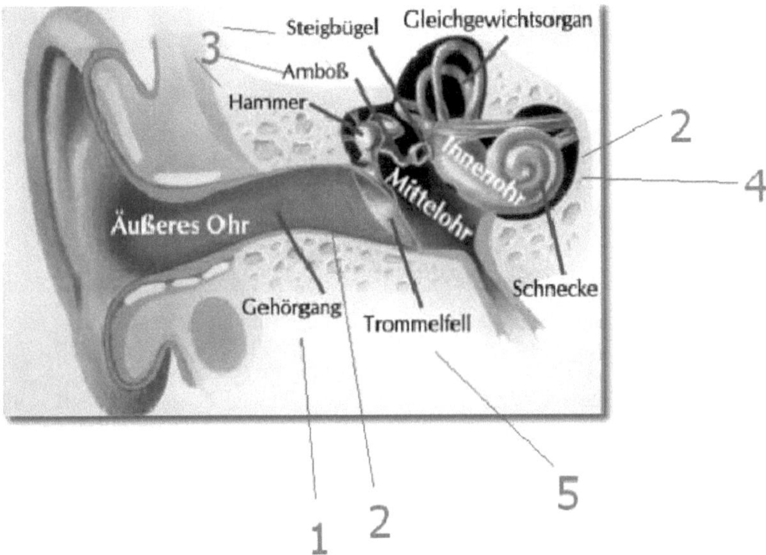

Zusammenfassung

Von außen sieht man nur die Ohrmuschel und den äußeren Gehörgang, an dessen Ende das Trommelfell(5) liegt. Die Luftschwingungen (Schallwellen) werden durch die Ohrmuschel aufgenommen und zum Trommelfell geleitet.. Das Trommelfell wird in Schwingungen versetzt, die anschließend auf die Gehörknöchel übertragen werden. Hier werden die Schwingungen auf die Cochlea geleitet, woraus ein Reiz der Sinneszellen resultiert. Diese Erregung wird abschließend zum Hörzentrum des Gehirns übertragen. Der Ton wird erst hier akustisch wahrgenommen.

4 Frequenzen& Schallwellen

Die durch Geräusche ausgelösten Schallwellen beinhalten Frequenzen, die die Tonhöhe des Schalls bestimmen. Die verwendete Einheit, um Frequenzen anzugeben ist Hertz (Hz), wobei 1 Hz der Schwingung entspricht, die eine Schallwelle innerhalb einer Sekunde zurücklegt. Der Mensch kann 10-140 dB und Frequenzen von 0,125 kHz bis 12 kHz wahrnehmen[8]. Die

---

[8]Vgl. [1] http://www.dasgesundeohr.de/ohr/304_die_frequenzskala.shtml

Amplitude[9] definiert die Stärke der Schallwelle. Zusätzlich ist sie mit der Lautstärke insofern gekoppelt, dass sich die Lautstärke simultan mit der Amplitude erhöht. Musik setzt sich aus einer Mischung unterschiedlicher Frequenzen und Amplituden zusammen.

5 Negative Auswirkungen der Musik auf den Menschen

Die Elektrifizierung der Musik hatte jedoch nicht nur positive Folgen, sondern zog stattdessen auch negative Aspekte mit sich. Sie ermöglichte das lautere Abspielen von Musik und die elektronische Herstellung von Tönen und Bässen. Das Ignorieren der eigenen Gesundheit durch das Hören von zu lauter Musik wird aktuell immer mehr zum Jugendtrend. Discos, Bars und laute MP3-Player werden immer häufiger in den Alltag der Jugendlichen integriert. Wer aber in seiner Jugend auf längere Zeit zu laute Musik hört steht unter einem größeren Risiko, im Alter einen Hörschaden zu erleiden. Doch nicht nur der Jugendtrend zum lauten Musikhören trägt zu einem höheren Hörschadensrisiko bei. Auch mit der allgemeinen Entwicklung der Musikstücke steigt die Gefahr einer Hörbehinderung im Alter immer mehr. Um 1985 hatten die Musikstücke noch einen dB-Wert von etwa 90, heutzutage ist dieser Wert auf etwa 100 dB oder sogar mehr gestiegen. Auch diese Entwicklung lässt sich der Elektrifizierung zuschreiben.

Aber welchem Lärm ist der Mensch täglich ausgesetzt ? Ist die Musik nur noch ein weiterer Lärmfaktor zu den alltäglichen Lärmbelästigungen?

5.1 Welchem Lärm ist der Mensch ausgesetzt?

Alle Geräusche, deren Wert über 85 dB liegt, werden als Lärm bezeichnet. Wie schon erwähnt, liegt es im Trend, Musik über Kopfhörer abzuspielen. Die Vorteile hierbei liegen in der kompletten Ausblendung aller Umgebungsgeräusche. Aber dieses Ergebnis der Kopfhörer kommt nur dadurch zustande, dass sie die Musik mit hohem Dezibel-Wert direkt in das Ohr abspielen.[10] Dort sind sie meist direkt am Trommelfell platziert und können einen Wert von 120 dB erreichen. Bei so einem hohen Wert kann selbst eine kurzzeitige Beschallung Hörstörungen verursachen. Um zu zeigen, welchem Lärm der Mensch in Alltagssituationen

---

[9] Die Auslenkung einer physikalischen Größe aus ihrer Ruhelage (0-Punkt) bis zu einem positiven oder negativen Wert.
[10] Vgl. [4] http://www.sueddeutsche.de/leben/hoerschaden-durch-laute-musik-immer-am-anschlag-1.44318

ausgesetzt ist, habe ich ein Diagramm angefertigt, in welchem für Menschen mögliche Lärmquellen mit entsprechendem dB-Wert aufgetragen sind.

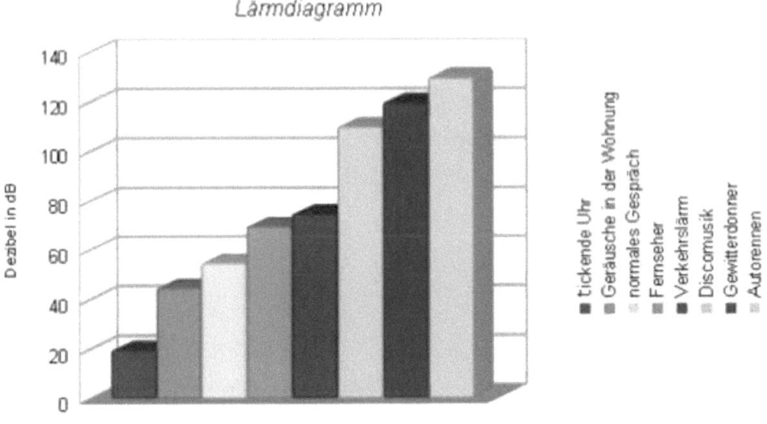

11

In dem Diagramm ist klar erkennbar, welchen Lärmquellen der Mensch ausgesetzt sein kann. Manchen Lärmquellen wie zum Beispiel der „tickenden Uhr" , dem „Fernseher", dem „normalen Gespräch" oder dem „Verkehrslärm" ist der Mensch täglich ausgesetzt. Lärm, der durch ein „Autorennen", „Discomusik" oder ein „Gewitterdonner" verursacht wird, kann in kurzer Zeit den selben Schaden auslösen, wie die Lautstärke der erstgenannten Lärmquellen es auf längere Zeit tut. Das Gehör muss bei jedem Geräusch arbeiten, da es nicht abgeschaltet werden kann. Lediglich Stille hilft geschädigten Haarzellen sich zu regenerieren.

5.2 Hörschaden

Die wohl am weitesten verbreitete negative Auswirkung der Musik ist der Hörschaden, an welchem aktuell circa 14 Millionen Deutsche leiden. Noch schlimmer wird die Situation wenn man sich vor Augen führt, dass jedes achte Kind zwischen acht und 14 Jahren bereits vom Hörschaden betroffen ist.[12] Man unterscheidet zwischen reversiblen und irreversiblen Hörstörungen: eine reversible Hörstörung wird nach einer Erholungszeit normalisiert, der

---

[11] Basierend auf [3] http://www.welt.de/print-welt/article334313/Vom-Ticken-der-Uhr-bis-zum-Presslufthammer.html

[12] Vgl. http://www.sueddeutsche.de/leben/hoerschaden-durch-laute-musik-immer-am-anschlag-1.44318

Urzustand des Gehörs lässt sich also wieder herstellen. Bei einer irreversiblen Hörstörung ist dies jedoch nicht der Fall. Eine solche Gehörerkrankung führt zur sogenannten Lärmschwerhörigkeit, die mit an der Spitze der Berufskrankheiten liegt, was den Lärm am Arbeitsplatz zu einem wichtigem sozialpolitischem Problem macht. Die Lärmbelästigung am Arbeitsplatz führt zu einer jährlich um etwa 10.000 Fälle steigenden Anzahl an Lärmschwerhörigkeit-Betroffenen. Dabei reichen die Folgen von beispielsweise Einschränkungen im Alltag für den Betroffenen selbst, bis hin zu Folgen für den Betrieb oder die Krankenkasse, denn die Kosten für Krankheitstage und Höruntersuchungen sind enorm hoch.

5.3 *Prävention*

Um sich vor Hörschädigungen im Alltag zu schützen existieren verschiedene Möglichkeiten. Zum Einen können Ohrschützer den dB-Wert um 25-30 dB abdämmen, was zum Beispiel das Risiko einer Hörschädigung in einer lauten Umgebung (Baustelle, Disko, u.Ä.) erheblich senken kann. Zum Anderen kann man bei einem Akustiker individuell angefertigte Filterpaare erwerben, die bestimmte Frequenzen aus einem Ton ausfiltern. Beispielsweise werden bei einem Motorradfahrer, Filterpaare angefertigt, die die dumpfen, tiefen Motorgeräusche ausfiltern. So kann man sich effektiv vor Gehörschädigungen schützen.

6   Schlussfolgerung

Alles in allem kann ich abschließend festhalten, Musik ist ein stark subjektiv geprägter Begriff und kann auf jeden Menschen eine andere Wirkung entfalten. Dabei reichen diese von positiven psychischen Auswirkungen, wie beispielsweise die Beeinflussung der Emotionen oder auch einfach eine Entspannungsfunktion, bis zu negativen physischen Auswirkungen, wie dem Hörschaden. Aus den verschiedenen Empfindungen, die Musik beim Menschen hervorrufen kann, resultiert ein gewaltiger Fassettenreichtum an Auswirkungen auf ihre psychische Kondition. Durch das von mir durchgeführte Interview, die Umfrage und das Experiment wurde mir vor Augen geführt, dass die von Musik ausgehenden Effekte auf das Individuum nicht unterschätzt werden sollten. Sie hat sich von einer einfach Alltagsbegleitung zu einem universell einsetzbarem Element entwickelt, dem durch die Elektrifizierung auch negative Seiten zugefallen sind. Für mich persönlich ist Musik schon immer ein wesentlicher Bestandteil meines Alltags gewesen. Auch ich ließ mich von ihr beeinflussen, jedoch ohne es wirklich zu realisieren. Mir wurde das vielseitige Wirkungsspektrum von Musik erst durch meine Facharbeit bewusst, denn durch diese habe ich gelernt, dass beispielsweise das meist unbewusste Ignorieren der eigenen Gesundheit im jugendlichen Alter enorme Schäden zur Folge kann, die in der Regel erst im Alter in Erscheinung treten können. Darüber hinaus bemerke ich nun auch in meinem Privatleben, wie und bis zu welchem Grad Musik die menschliche Psyche beeinflussen oder sogar kontrollieren kann, sei es in der Disko oder einfach im Alltag über Kopfhörer. Die Facharbeit hat mir die Musik als faszinierendes und interessantes Mysterium offenbart, mit dem ich mich auf jeden Fall noch weiter beschäftigen werde. Gerade weil Musik für so viele Menschen ein wesentlicher Teil des Lebens ist, denke ich viele Beobachtungen in meinem alltäglichen Tagesablauf machen zu können, die mir wieder etwas mehr über die Einflüsse der Musik auf den Menschen zeigen können. Letztendlich nehme ich die Musik nicht mehr einfach nur als simples Unterhaltungsmedium wahr, sondern als ein effektives Werkzeug, eine Kraft, die den Menschen in seinem innersten berührt, teilweise sogar als einen komplexen, technischen Organismus, der in jedem Menschen pulsiert und ihn je nach Situation in unterschiedliche Richtungen lenken kann. Trotzdem haben sich meine Ansichten nach der Facharbeit verändert, denn Musik ist nicht nur positiv. Doch durch präventives Handeln, lassen sich die negativen Wirkungen für mich und mein Umfeld eindämmen. Musik ist ein wichtiger Teil meines Lebens und wird es wohl auch in Zukunft bleiben.

7 Quellenangaben - Literatur und Medienverzeichnis

Internetquellen:

[1] Dr. med. Wilden, Lutz: Das Gesunde Ohr [online]. Bad Füssing 2004,
http://www.dasgesundeohr.de/ohr/304_die_frequenzskala.shtml .28.10.2012

[2] Gilli, Johannes: Musik- Wirkung auf den Menschen [online]. Juni 2005, (update:
22.08.2011) (Inhalt wird nicht aktualisiert)
http://www.feelit.ag.vu/Seite_4_musik_-koerper.html .16.09.2012

[3] Unbekannter Autor der „Die Welt": Vom Ticken der Uhr bis zum Presslufthammer
[online]. 4.08.2004,
http://www.welt.de/print-welt/article334313/Vom-Ticken-der-Uhr-bis-zum-
Presslufthammer.html .16.09.2012

[4] Unbekannter Autor der „Süddeutsche": Immer am Anschlag [online].21.10.2009 14:43
http://www.sueddeutsche.de/leben/hoerschaden-durch-laute-musik-immer-am-anschlag-
1.44318. 16.09.2012

Bildquellen:

[5] Hören heute [online] http://www.nhs-rp.de/Anatomie.jpg .25.10.2012,bearbeitet

8 Anhang

Abb.1.0 (*River flows in you*)

Abb.1.1 (*Summer of Love*)

Abb.1.2 (*Summer of Love*)

Abb.1.3 (*Papa Pinguin*)